Inhaltsverzeichnis

Vorbemerkungen

Das Lesematerial in diesem Heft ermöglicht das Lesenlernen in kleinen Sequenzen – vom Üben des Erlesens von Silben in Großbuchstaben (da viele Kinder hier Vorerfahrungen mit in die Schule bringen) über das Erlesen mehrsilbiger Wörter bis zum Erlesen kleiner Sätze. Da die Kinder die Aufgaben in ihrem eigenen Tempo bearbeiten können, ist der Einsatz in heterogenen Schuleingangsklassen sehr gut möglich.

Das Lesematerial in diesem Heft ist in kleine Übungseinheiten gegliedert, sodass die Lehrkraft individuell entscheiden kann, welches Kind auf welchem Level startet. Somit ist das Fördern und Fordern der Kinder gleichzeitig möglich. Als Hilfe zum Lesenlernen sind die Silben farblich hervorgehoben.

Die Aufgaben ermöglichen das selbstständige Lernen durch wiederkehrende und mit Piktogrammen versehene Arbeitsanweisungen.

Leserakete

Die Leserakete können die Kinder als Lesepfeil benutzen, um das Lesen zu begleiten. Sie erleichtert ihnen, die Leseposition zu halten.

Lesepass

Mit Hilfe des Lesepasses können die Kinder ihre Lesezeiten dokumentieren. Sie können ihn für die Lesezeiten in der Schule sowie zu Hause nutzen.

✂ Schneide die Seiten aus und hefte sie hintereinander.

Lesepass

Name: ____________________

15 Minuten gelesen am	gelesen mit/ Unterschrift

15 Minuten gelesen am	gelesen mit/ Unterschrift

15 Minuten gelesen am	gelesen mit/ Unterschrift

Lies und verbinde.

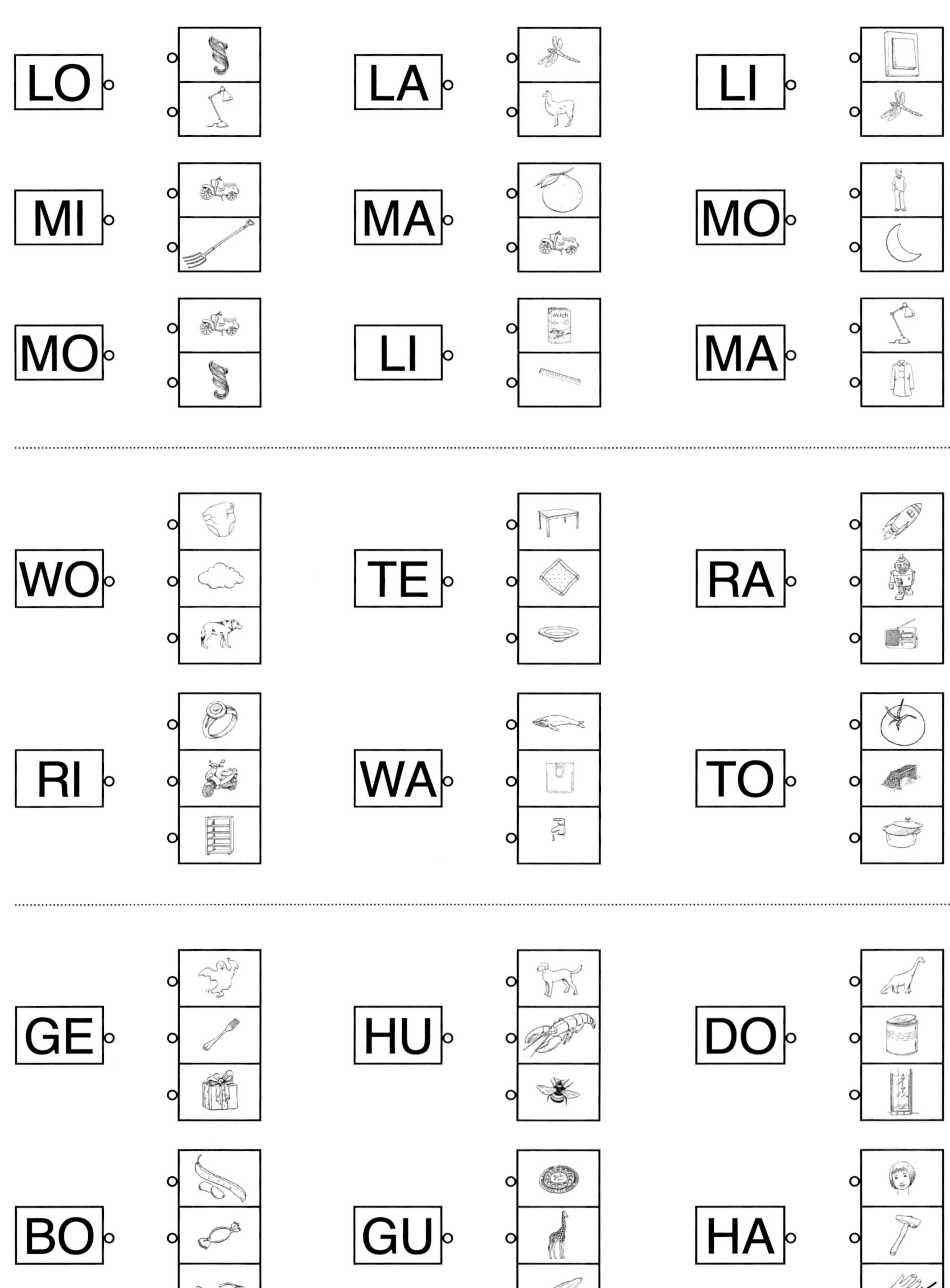

BVK • Pakulat / Palm-Bauer / Tepe-Tryba / Thomas: Leseübungen für die 1. Kl.

Lies und male alle Bilder an, die passen.

FE	Folie				
FA					
SE					
SO					

WO					
RE					
TO					
RA					

HO					
DE					
GO					
BA					

BVK • Pakulat / Palm-Bauer / Tepe-Tryba / Thomas: Leseübungen für die 1. Kl.

Lies und ☒ kreuze an.

☐ LA ☐ LI ☐ LO		☐ LA ☐ LI ☐ LO		☐ LA ☐ LI ☐ LO	
☐ LA ☐ LI ☐ LO		☐ LA ☐ LI ☐ LO		☐ LA ☐ LI ☐ LO	
☐ MA ☐ MI ☐ MO		☐ MA ☐ MI ☐ MO		☐ MA ☐ MI ☐ MO	Milch
☐ MA ☐ MI ☐ MO		☐ MA ☐ MI ☐ MO		☐ MA ☐ MI ☐ MO	
☐ LA ☐ LI ☐ LO		☐ MO ☐ MI ☐ MA		☐ LA ☐ MA ☐ LO	

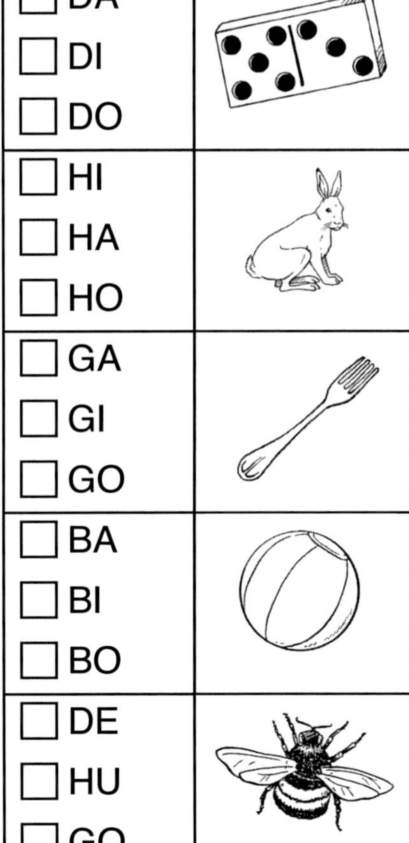

☐ DA ☐ DI ☐ DO		☐ DU ☐ DE ☐ DO		☐ DA ☐ DE ☐ DI	
☐ HI ☐ HA ☐ HO		☐ HE ☐ HU ☐ HO	Name	☐ HI ☐ HE ☐ HA	
☐ GA ☐ GI ☐ GO		☐ GE ☐ GU ☐ GO		☐ GA ☐ GI ☐ GE	
☐ BA ☐ BI ☐ BO		☐ BE ☐ BU ☐ BO		☐ BA ☐ BI ☐ BE	
☐ DE ☐ HU ☐ GO		☐ BE ☐ DU ☐ HA		☐ GE ☐ BU ☐ DI	

Lies und verbinde.

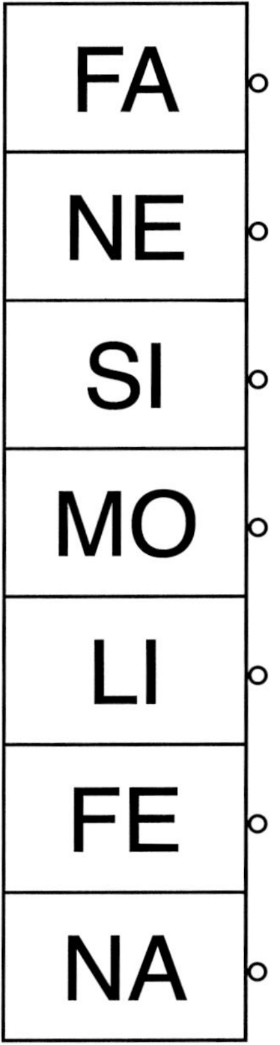

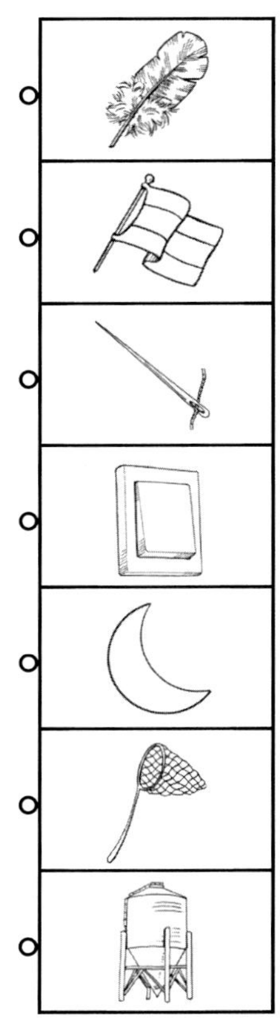

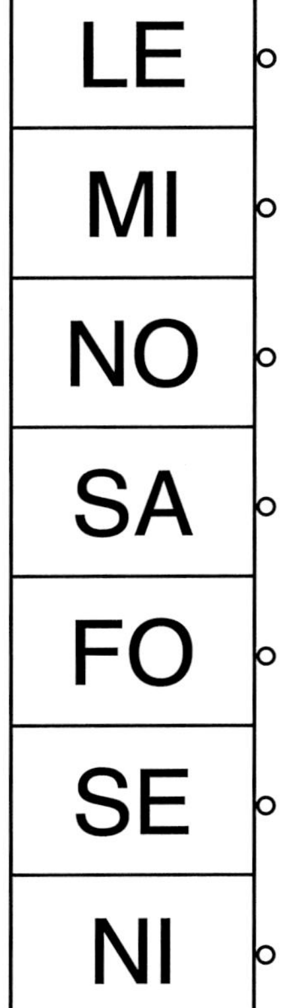

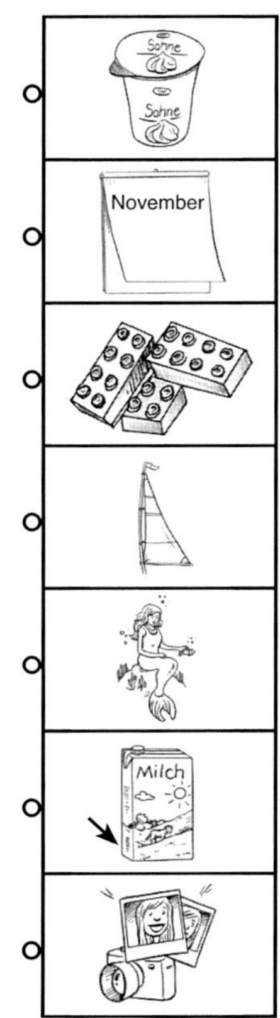

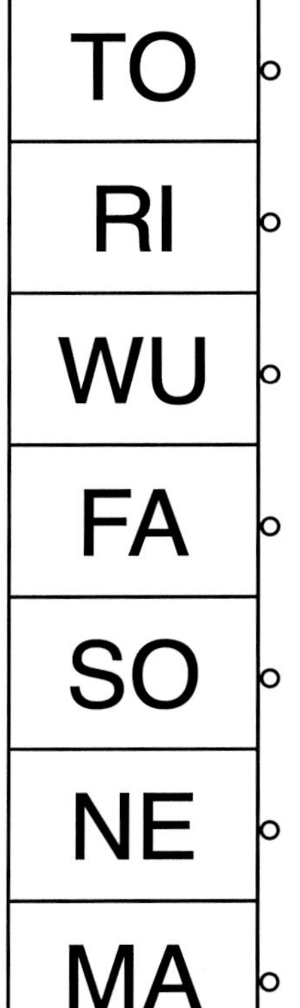

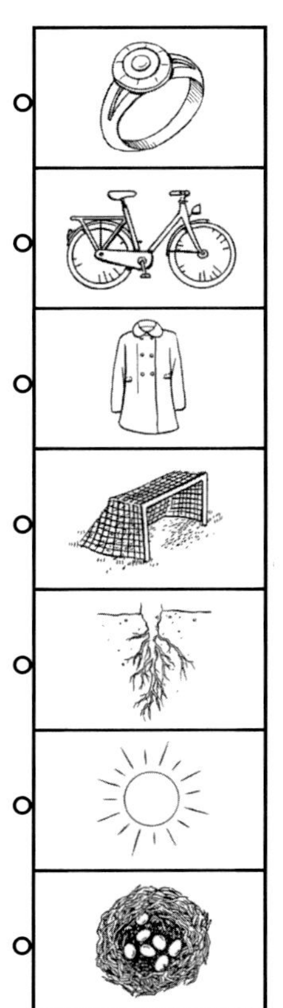

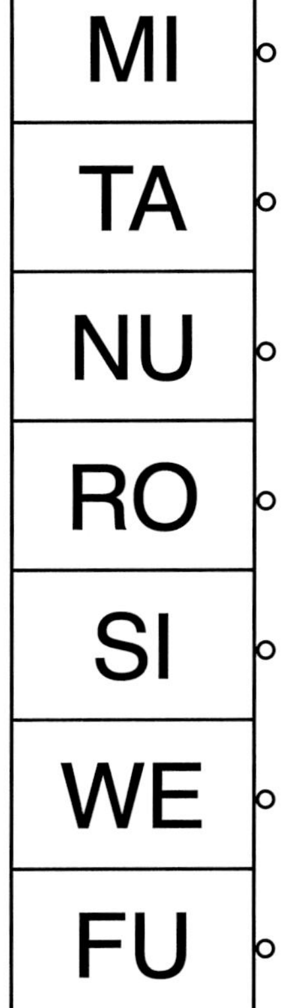

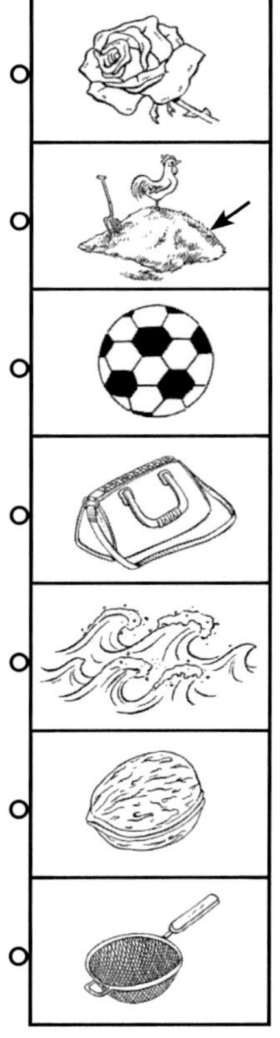

BVK • Pakulat / Palm-Bauer / Tepe-Tryba / Thomas: Leseübungen für die 1. Kl.

Lies und verbinde.

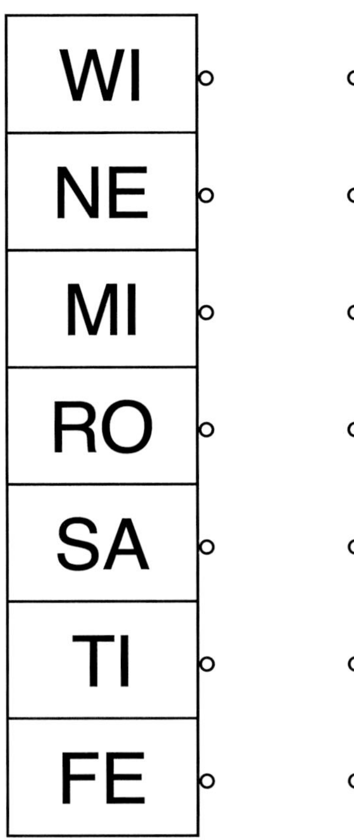

WI
NE
MI
RO
SA
TI
FE

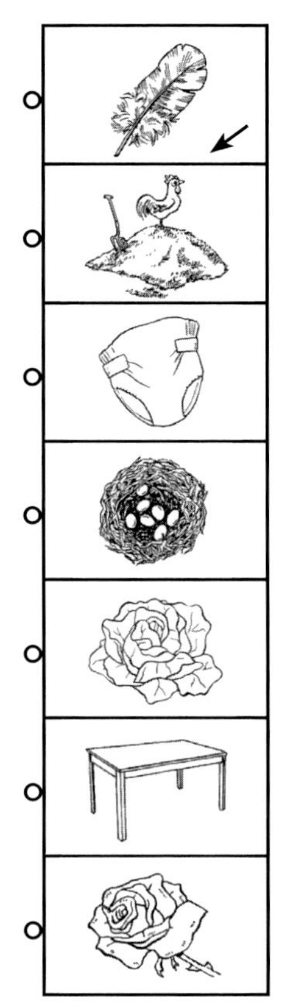

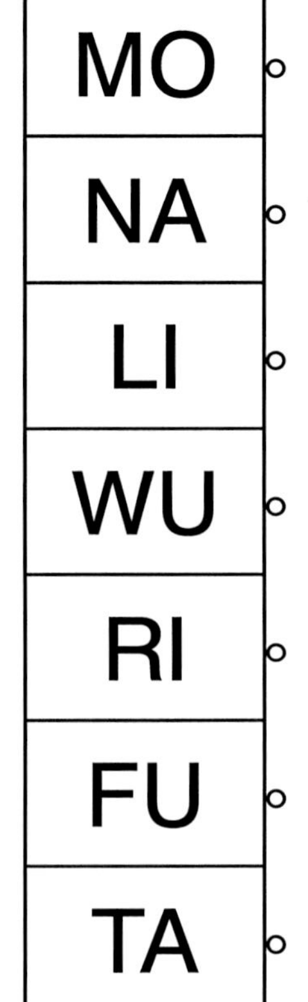

MO
NA
LI
WU
RI
FU
TA

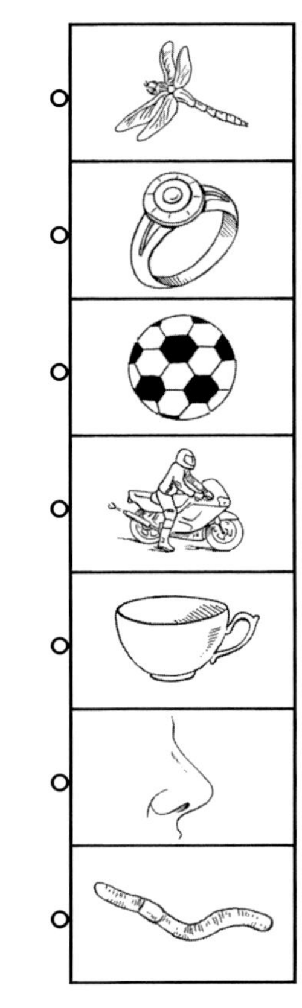

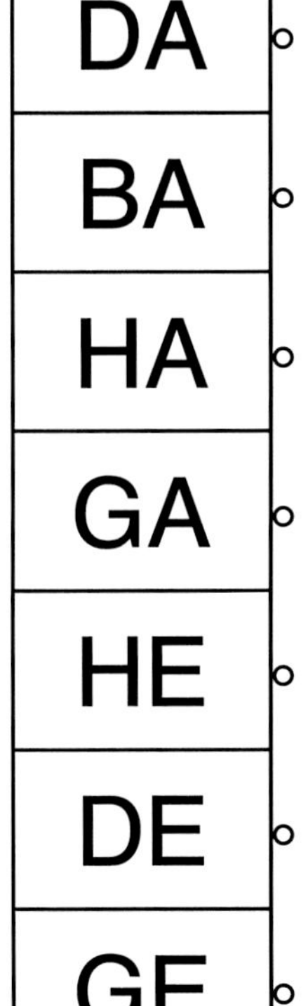

DA
BA
HA
GA
HE
DE
GE

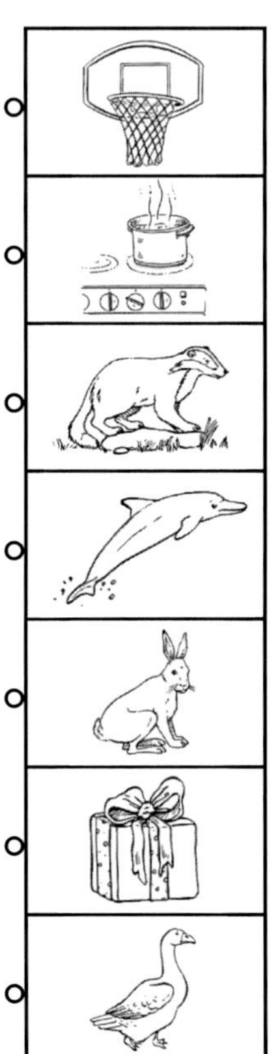

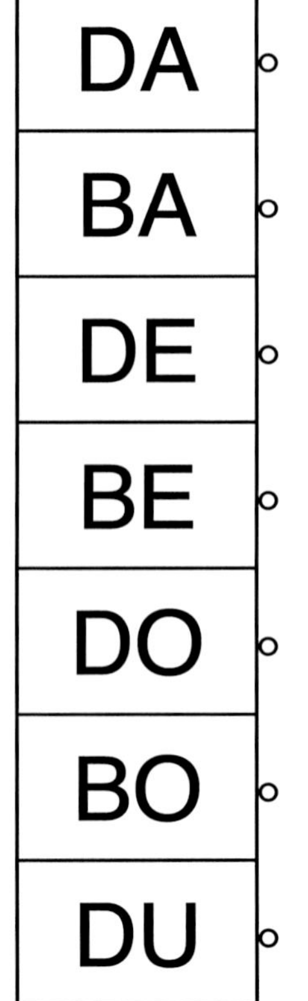

DA
BA
DE
BE
DO
BO
DU

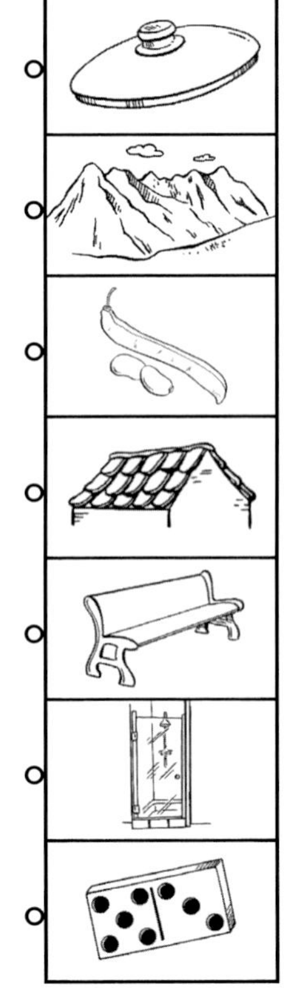

BVK • Pakulat / Palm-Bauer / Tepe-Tryba / Thomas: Leseübungen für die 1. Kl.

Lies und verbinde.

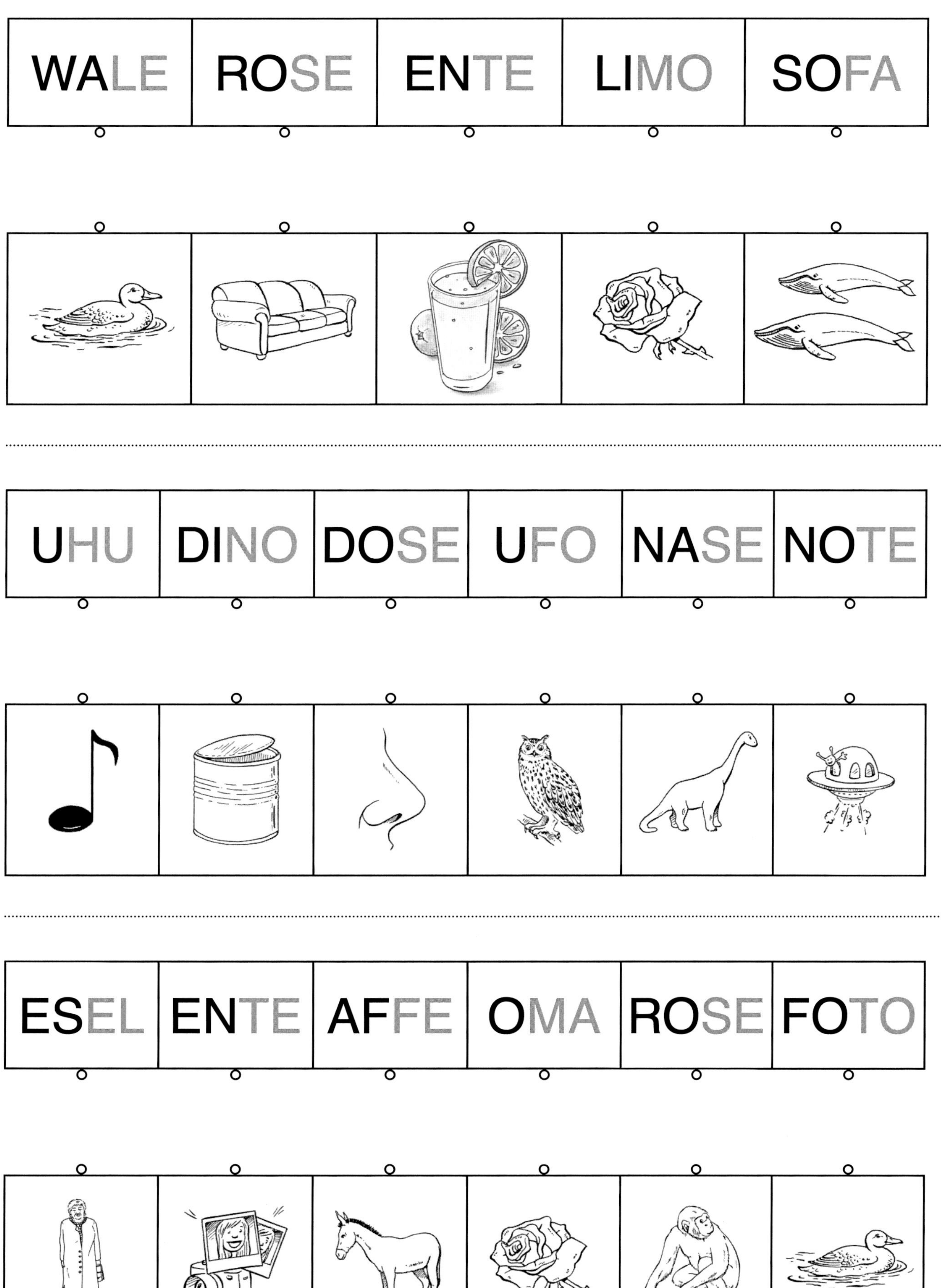

BVK • Pakulat / Palm-Bauer / Tepe-Tryba / Thomas: Leseübungen für die 1. Kl.

Lies die Wörter. Male jeweils ein passendes Bild dazu.

NASE	MOFA	LAMA	FOTO
DOSE	NOTE	SOFA	TORE

AFFE	RUTE	UHU	ROSE
WALE	UFO	OFEN	ENTE

Lies und verbinde.

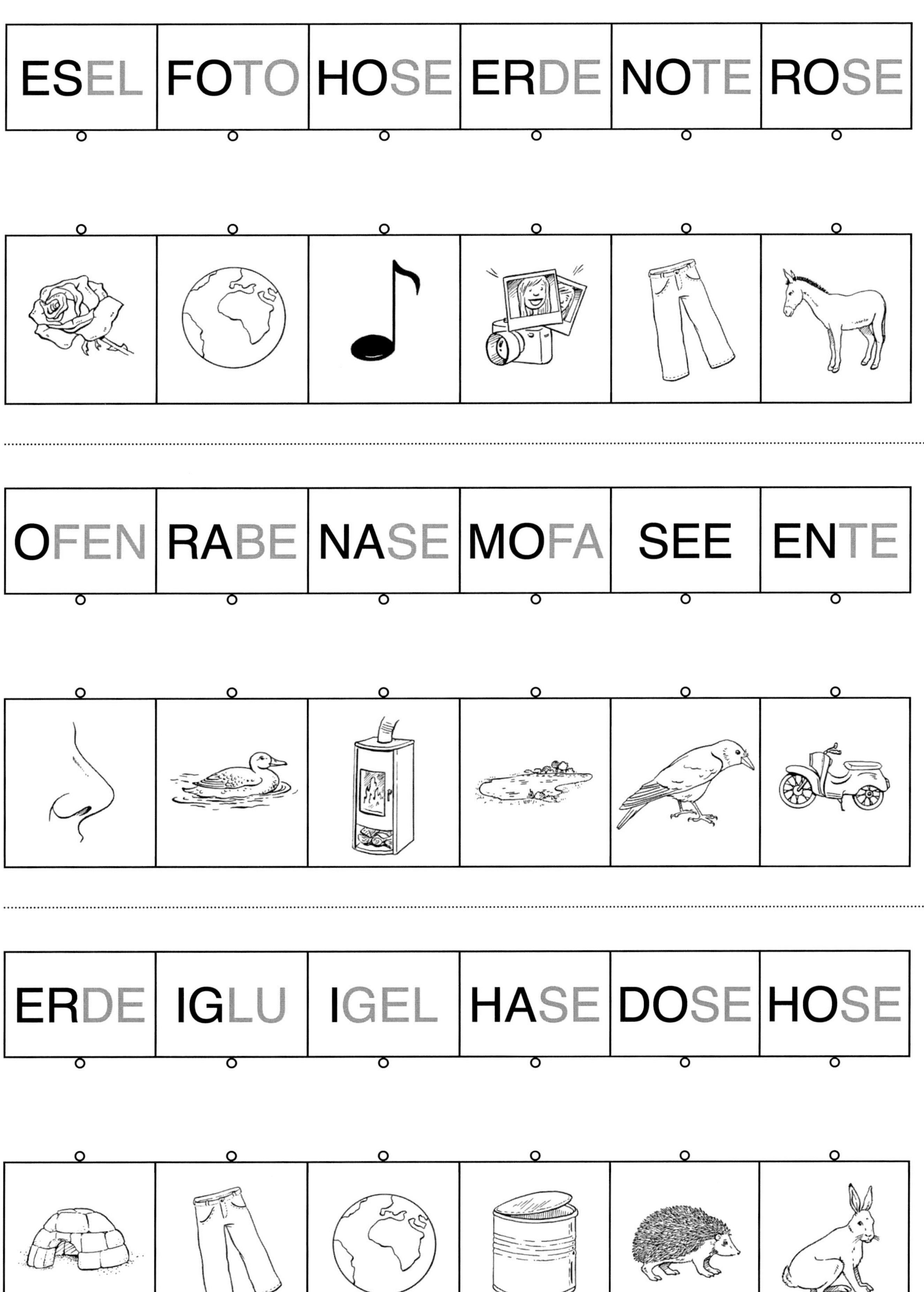

Lies und ☒ kreuze an.

☐ NASE
☐ NOTE
☐ NAME

☐ ELFE
☐ SOFA
☐ SILO

☐ FOTO
☐ MAMA
☐ MOFA

☐ LAMA
☐ LOSE
☐ LIMO

☐ ARME
☐ AFFE
☐ ENTE

☐ SILO
☐ FOTO
☐ ENTE

☐ EULE
☐ ERDE
☐ EURO

☐ HASE
☐ HÜTE
☐ HOSE

☐ RABE
☐ PAPA
☐ PUMA

☐ KIWI
☐ KINO
☐ LIMO

☐ DINO
☐ DOSE
☐ JOJO

☐ MÖWE
☐ LUPE
☐ LÖWE

☐ LIMO
☐ LUMO
☐ LOMO

☐ DINA
☐ DINU
☐ DINO

☐ HUPE
☐ HAPE
☐ HOPE

☐ RADIA
☐ RADIO
☐ RADIU

☐ ROSE
☐ RASE
☐ RIESE

☐ MIND
☐ MUND
☐ MOND

BVK • Pakulat / Palm-Bauer / Tepe-Tryba / Thomas: Leseübungen für die 1. Kl.

Lies und male an.

ROSE	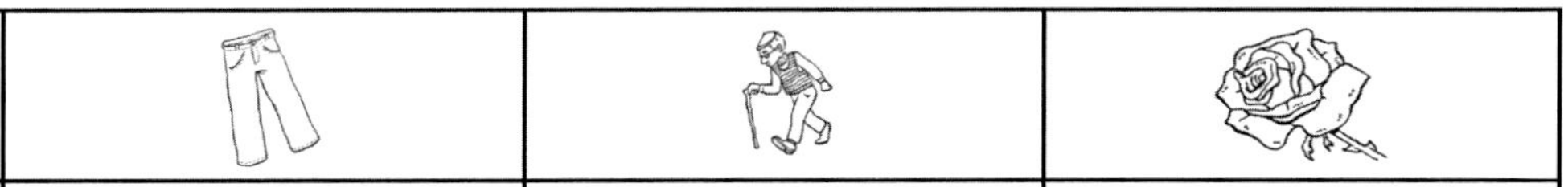		
AFFE	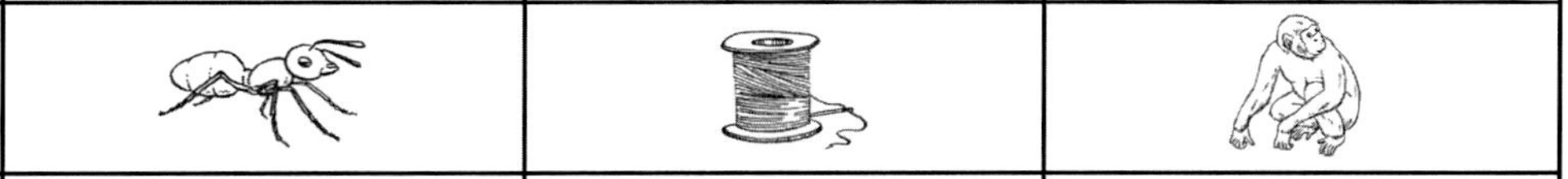		
LIMO	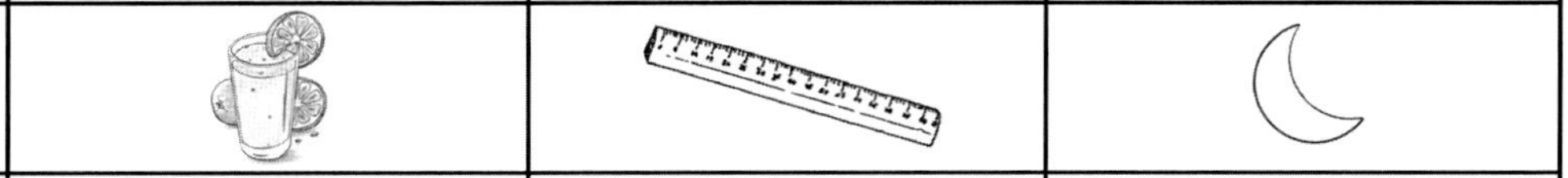		
FOTO	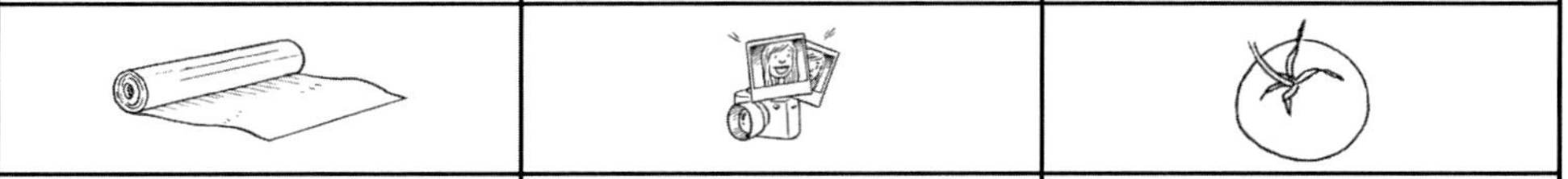		
NASE	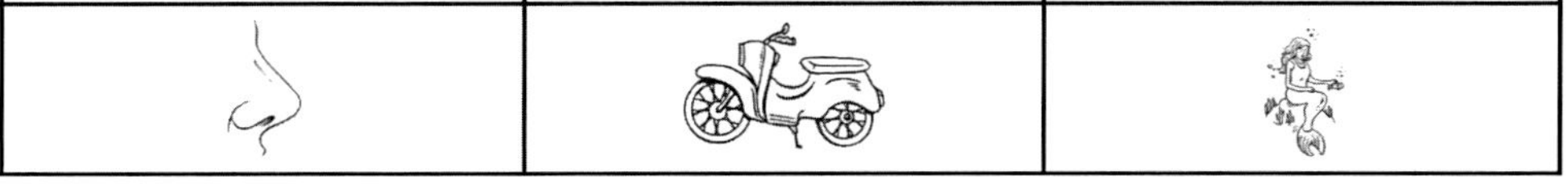		

LOSE	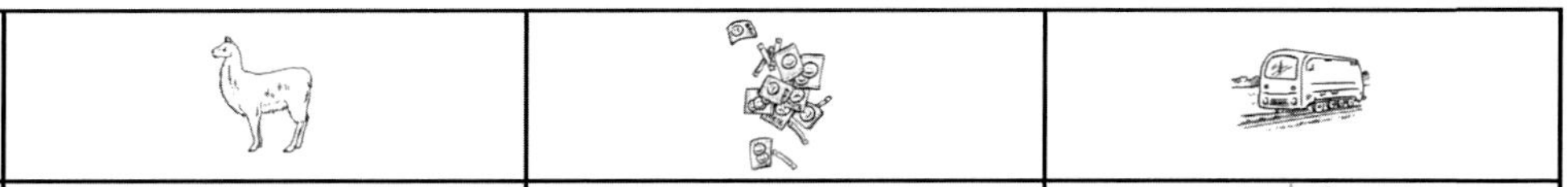		
ELFE	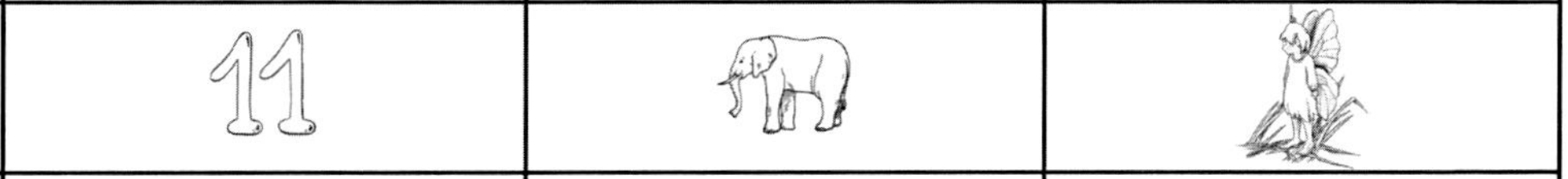 11		
NAME	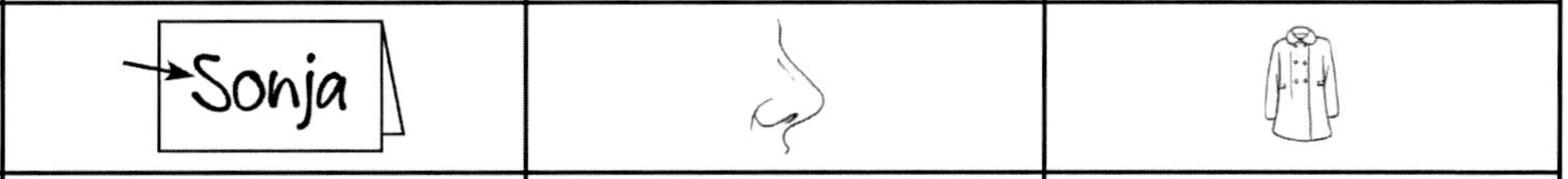 Sonja		
NOTE	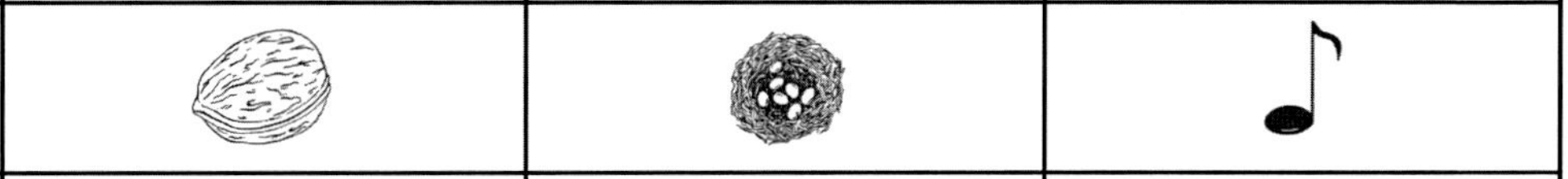		
ENTE	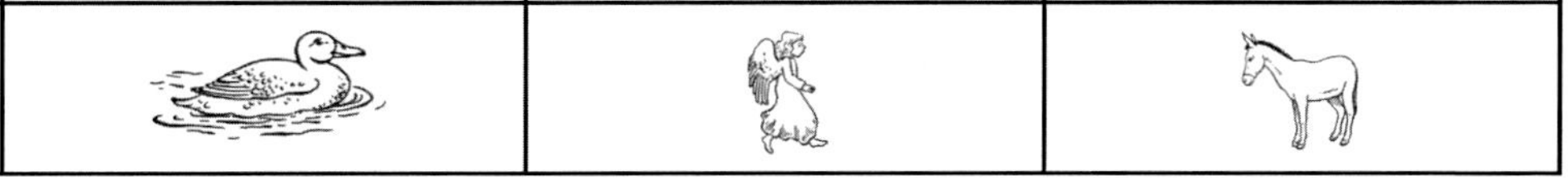		

INSEL	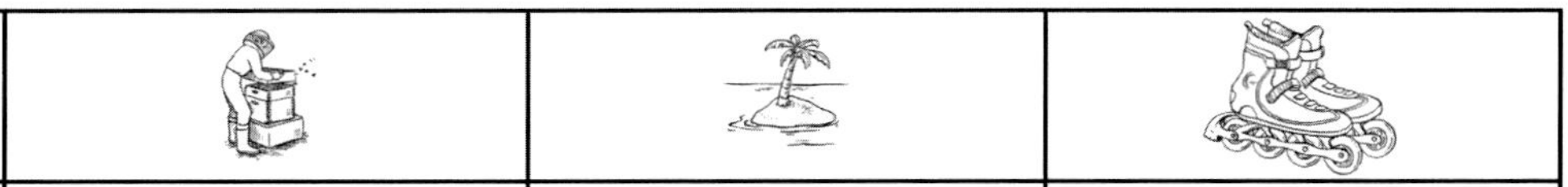		
APFEL	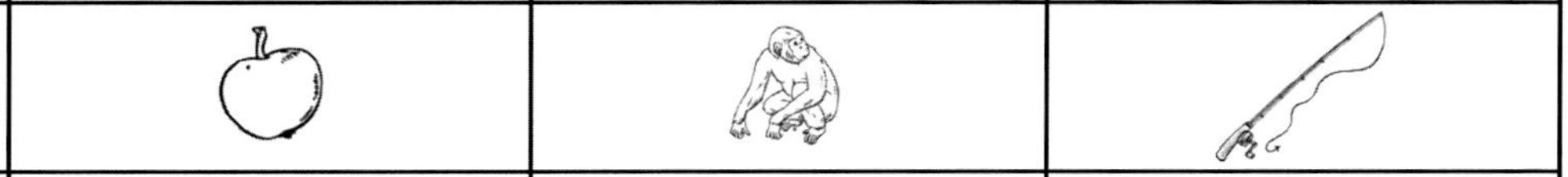		
PUPPE	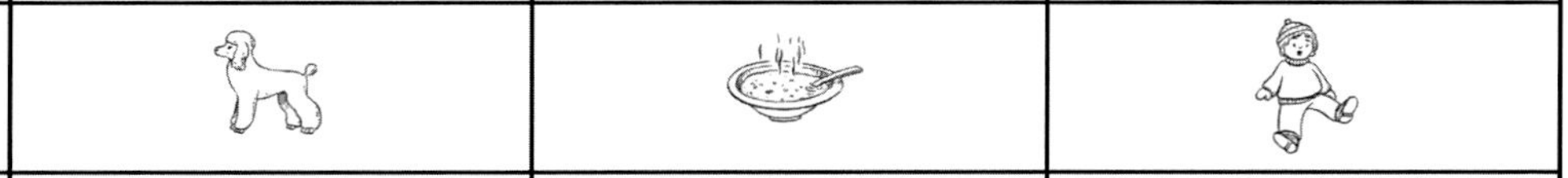		
PIRAT	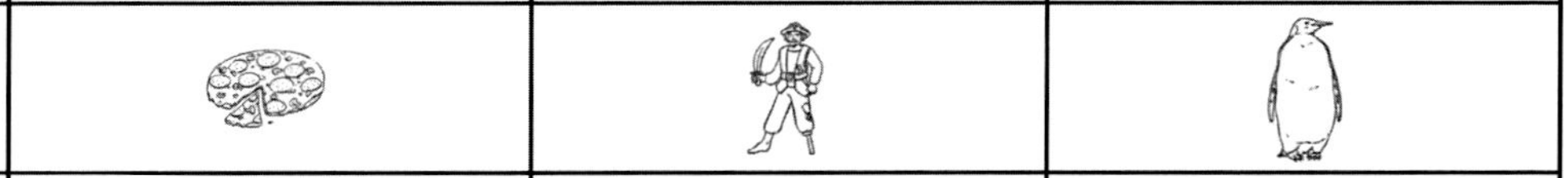		
KAMIN	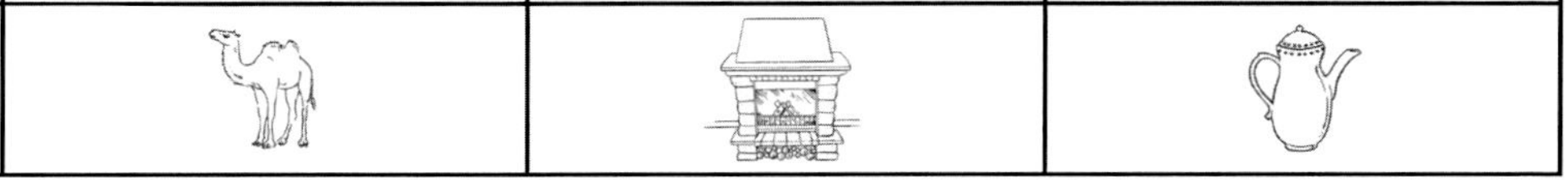		

Lies und male.

MALE WALE IM MEER.

MALE 1 ROSE.

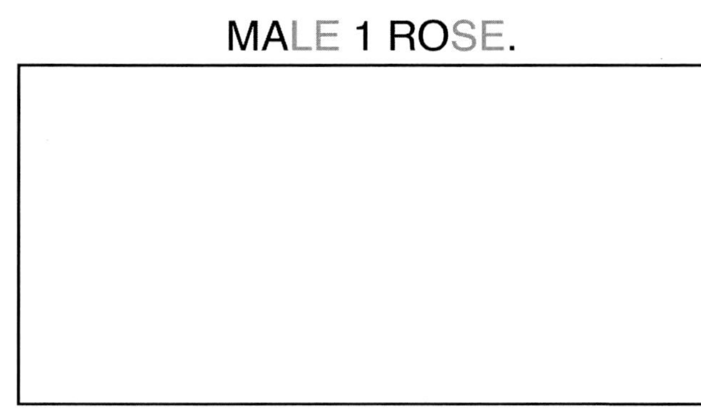

MALE 1 SOFA.

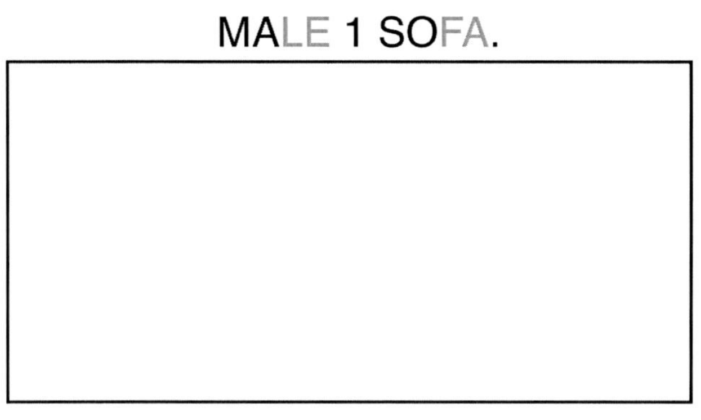

MALE 1 NOTE.

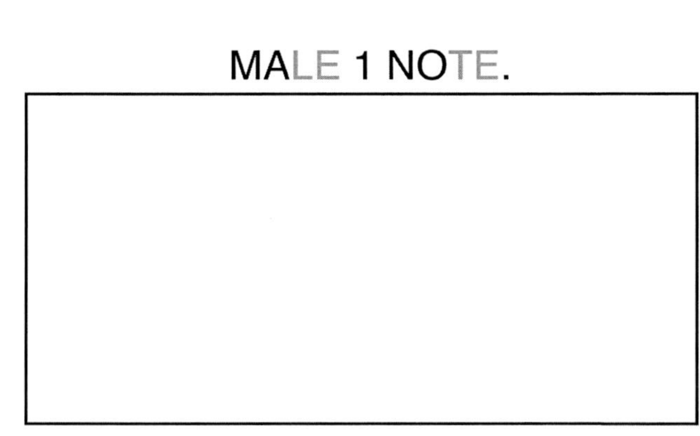

MALE 1 DOSE.

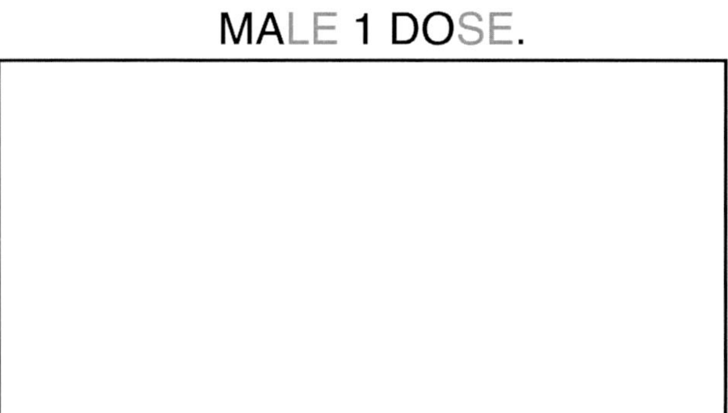

OMA NALA IM

LAMA ROSI IM NEST

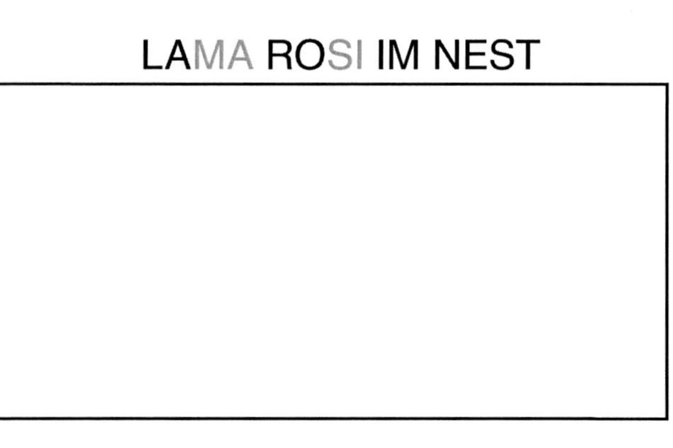

1 WAL IM

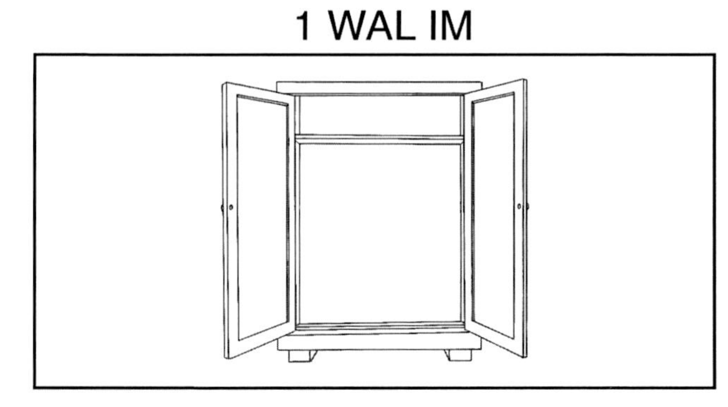

BVK • Pakulat / Palm-Bauer / Tepe-Tryba / Thomas: Leseübungen für die 1. Kl.

Lies und male.

MALE 1 ROTE HOSE.

MALE 1 LILA DOSE.

MALE 1 ROTE DAME.

MALE 1 LILA DINO.

MALE 1 HOSE IM SEE.

MALE 1 DINO AM

MALE 1 HASEN IM

MALE 1 ROTE BUDE.

BVK • Pakulat/Palm-Bauer/Tepe-Tryba/Thomas: Leseübungen für die 1. Kl.

Lies und male das falsche Feld an.

Esel	Dino	Eule	Anker	Taube
Palme	Regal	Baum	Blume	Rose
Junge	Kinder	Mama	Onkel	Sofa
Ananas	Banane	Kasse	Kirsche	Zitrone
Auto	Orgel	Bus	Roller	Dreirad
Stifte	Tafel	Hefte	Zahn	Bücher
Geige	Gurke	Tomate	Paprika	Möhre
Auge	Nase	Seife	Ohren	Arme

Auto	Messer	Gabel	Löffel	Teller
Pedalo	Inliner	Telefon	Dreirad	Fahrrad
Geige	Tüte	Noten	Musik	Klavier
Rasenmäher	Wiese	Gras	Blumen	Nagel
Januar	März	April	Montag	Mai
Sonne	Wolken	Mantel	Regen	Gewitter
Lutscher	Tante	Oma	Onkel	Bruder
baden	Handtuch	Föhn	Bikini	Stift

BVK • Pakulat / Palm-Bauer / Tepe-Tryba / Thomas: Leseübungen für die 1. Kl.

Lies und kreise alles ein, was man essen kann.

Autos	Äpfel	Ananas	Angeln
Suppe	Salami	Senf	Salat
Bagger	Bananen	Bohnen	Brillen
Gärten	Gemüse	Gondeln	Nektarinen
Nudeln	Gläser	Nüsse	Nebel
Telefon	Tomaten	Tiger	Tassen
Mandeln	Messer	Mond	Mandarinen
Kekse	Klammern	Käse	Kamine

Lies und kreise alles ein, was fliegen kann.

Flugzeug	Luftballon	Krokodil
Lampe	Drachen	Hubschrauber
Papagei	Stift	Fliege
Badeanzug	Zelt	Marienkäfer
Rabe	Watte	Blume
Heißluftballon	Mücke	Papierflugzeug
Telefon	Kette	Glas
Ohrring	Rakete	Adler

Lies die Wörter.
Male alle Felder mit Pflanzen rot an.
Male alle Felder mit Körperteilen gelb an.

Ohr	Hand	Rose	Schulter	Busch
Tulpe	Auge	Mund	Primel	Nase
Baum	Buche	Arm	Weide	Bein
Gras	Tanne	Hals	Palme	Zeh

Lies die Wörter.
Male alle Felder mit Tieren rot an.
Male alle Felder mit Gegenständen gelb an.

Zebra	Tisch	Gorilla	Löffel	Kissen
Tiger	Jaguar	Fisch	Hase	Schrank
Storch	Bett	Tasche	Kerze	Stuhl
Puma	Huhn	Kamera	Flamingo	Sofa

Lies die Wörter.
Male alle Felder mit Wetterwörtern rot an.
Male alle Felder mit Schulwörtern gelb an.

Tafel	Blitz	Schnee	lernen	Hagel
schreiben	Pult	Nebel	Sonne	Lehrerin
Sturm	Pause	Kreide	rechnen	Donner
wolkig	Regen	sonnig	Heft	frostig

BVK • Pakulat / Palm-Bauer / Tepe-Tryba / Thomas: Leseübungen für die 1. Kl.

Was siehst du? Lies und ☒ kreuze an.

- ☐ ein Eis
- ☐ eine Katze
- ☐ ein Auto
- ☐ ein Zahn
- ☐ Herzen
- ☐ Schuhe
- ☐ eine Birne
- ☐ eine Leiter
- ☐ ein Löwe
- ☐ ein Roboter
- ☐ eine Lampe

- ☐ ein Ofen
- ☐ eine Rutsche
- ☐ ein Tisch
- ☐ ein Ordner
- ☐ ein Regal
- ☐ ein Hund
- ☐ eine Orgel
- ☐ eine Kerze
- ☐ ein Kissen
- ☐ eine Muschel
- ☐ eine Dose

BVK • Pakulat / Palm-Bauer / Tepe-Tryba / Thomas: Leseübungen für die 1. Kl.

Was passt? Lies und kreuze an.

	☺	☹
rote Kirschen	☺	☹
bunte Blumen	☺	☹
schnelle Schnecken	☺	☹
nette Ostereier	☺	☹
kaltes Eis	☺	☹

	☺	☹
blaue Ananas	☺	☹
gruselige Monster	☺	☹
fliegende Sessel	☺	☹
sprechende Kisten	☺	☹
kurze Beine	☺	☹

	☺	☹
schnelles Heft	☺	☹
tropfende Dosen	☺	☹
goldene Hand	☺	☹
gerade Lippen	☺	☹
schweres Buch	☺	☹

	☺	☹
lustige Kinder	☺	☹
langsame Suppe	☺	☹
kaltes Feuer	☺	☹
schnelle Autos	☺	☹
gelbes Blut	☺	☹

	☺	☹
weiche Kissen	☺	☹
goldenes Eis	☺	☹
langsame Rakete	☺	☹
wilder Löwe	☺	☹
kleiner Frosch	☺	☹

	☺	☹
leichte Feder	☺	☹
lustige Melone	☺	☹
alte Oma	☺	☹
leise Musik	☺	☹
grünes Brot	☺	☹

Lies und male an.

 ein rotes Dreirad	 eine blaue Gans	 eine gelbe Feder	 ein lila Fahrrad

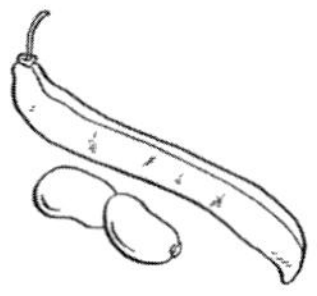 braune Erbsen	 ein schwarzer Fuchs	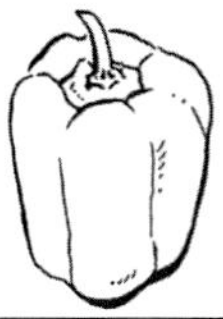 eine grüne Paprika	 ein rosa Mikrofon

Lies und male.

ein brauner Igel	eine gelbe Krone	eine lila Kirsche	eine blaueKerze

eine rote Kiste	eine schwarze Kugel	ein grüner Kran	eine rosa Lampe

zwei braune Lampen	ein grünes Schaf	drei rote Löffel	fünf gelbe Igel

ein schwarzes Schiff	drei rosa Kronen	ein lila Sofa	ein blaues Tuch

Was passt? Lies und ☒ kreuze an.

	☺	☹
in der Kirche singen	☺	☹
in die Luft springen	☺	☹
einen Fisch anziehen	☺	☹
ein Bild malen	☺	☹
eine Zeitung lesen	☺	☹
eine Blume rasieren	☺	☹

	☺	☹
einen Blitz fangen	☺	☹
auf der Bank sitzen	☺	☹
eine Dose radieren	☺	☹
eine Decke falten	☺	☹
ein Auto fahren	☺	☹
ein Gespenst streicheln	☺	☹

	☺	☹
auf dem Sofa schlafen	☺	☹
am Tisch sitzen	☺	☹
im Schwimmbad fahren	☺	☹
unter Wasser schnitzen	☺	☹
ein Buch lachen	☺	☹
Wörter schreiben	☺	☹

	☺	☹
ein Bild malen	☺	☹
einen Freund kitzeln	☺	☹
im Bett kleben	☺	☹
mit der Tante einkaufen gehen	☺	☹
auf der Tafel schlafen	☺	☹
eine Fliege fangen	☺	☹

	☺	☹
in die Windel rechnen	☺	☹
mit dem Vater sprechen	☺	☹
eine Tomate trinken	☺	☹
die Zähne putzen	☺	☹
die Hände waschen	☺	☹
ans Ufer schwimmen	☺	☹

	☺	☹
den Sessel radieren	☺	☹
eine Tanne verschlafen	☺	☹
einen Teppich aufrollen	☺	☹
einen Computer schneiden	☺	☹
eine Schleife fangen	☺	☹
eine Brille putzen	☺	☹

Was stimmt? Lies und kreuze an.

Puppen haben Arme.	☺	☹
Könige haben eine Krone.	☺	☹
Sonnen haben Löffel.	☺	☹
Katzen haben Tatzen.	☺	☹
Hunde haben einen Schnabel.	☺	☹
Kamele haben Federn.	☺	☹
Tafeln haben Beine.	☺	☹

Mit der Schere kann man schneiden.	☺	☹
Mit der Bürste kann man rechnen.	☺	☹
Mit der Gabel kann man riechen.	☺	☹
Mit dem Bein kann man laufen.	☺	☹
Mit dem Ohr kann man hören.	☺	☹
Mit dem Hammer kann man malen.	☺	☹
Mit der Brille kann man lesen.	☺	☹

Eine Giraffe hat einen langen Hals.	☺	☹
Ein Frosch hat fünf Augen.	☺	☹
Ein Fernseher hat Beine.	☺	☹
Ein Hummer hat Scheren.	☺	☹
Der November hat nur einen Tag.	☺	☹
Der Tiger hat einen Rüssel.	☺	☹
Ein Riese hat große Hände.	☺	☹

Lies und male.

Male ein Haus mit roter Tür.	Male eine Dose mit Punkten.	Male einen Frosch mit einem Freund.	Male ein Geschenk mit Schleife.

Male ein Glas mit Saft.	Male eine Gurke mit Messer.	Male eine Hand mit Ring.	Male ein Kissen mit Herz.

Male eine Sonne mit Gesicht.	Male eine rote Hose mit Loch.	Male einen Teller mit grüner Suppe.	Male ein Auto mit blauen Rädern.

Male eine Tasche mit gelben Herzen.	Male eine Wolke mit Sternen.	Male einen Hut mit drei Federn.	Male ein Eis mit zwei Kugeln.

Was stimmt? Lies und ☒ kreuze an.

Pilze haben Hüte.	☺	☹
Autos haben Nasen.	☺	☹
Schafe haben Ohren.	☺	☹
Lampen haben Gurken.	☺	☹
Steine haben Beine.	☺	☹
Tiger haben Fell.	☺	☹
Sägen haben Griffe.	☺	☹

Piraten können gut kämpfen.	☺	☹
Bäcker können sehr gut backen.	☺	☹
Puppen können gut sprechen.	☺	☹
Kinder können gut lernen.	☺	☹
Köche können gut kochen.	☺	☹
Fische können gut fliegen.	☺	☹
Ameisen können gut bauen.	☺	☹

Die Rose gehört zu den Pflanzen.	☺	☹
Die Mandarine gehört zu den Möbeln.	☺	☹
Die Turnhose gehört zu den Sportsachen.	☺	☹
Der Hase gehört zu den Fahrzeugen.	☺	☹
Der Hammer gehört zum Besteck.	☺	☹
Der Stift gehört zu den Schulsachen.	☺	☹
Das Spiel gehört zu den Badesachen.	☺	☹

Was siehst du? Lies und ☒ kreuze an.

- ☐ Ich sehe einen Hut.
- ☐ Ich sehe eine Säge.
- ☐ Ich sehe einen Zug.
- ☐ Ich sehe eine Schatzkiste.
- ☐ Ich sehe die Zahl zwanzig.
- ☐ Ich sehe einen Biber.
- ☐ Ich sehe einen Hammer.
- ☐ Ich sehe einen Zirkel.
- ☐ Ich sehe viele Holzbalken.
- ☐ Ich sehe eine Tür.
- ☐ Ich sehe mehrere Stufen.

Was siehst du? Lies und ☒ kreuze an.

- ☐ Ich sehe einen Korb.
- ☐ Ich sehe ein Schwein.
- ☐ Ich sehe drei Bären.
- ☐ Ich sehe eine Eule.
- ☐ Ich sehe Marmelade.
- ☐ Ich sehe einen Käfer.
- ☐ Ich sehe ein Mädchen.
- ☐ Ich sehe Schmetterlinge.
- ☐ Ich sehe Büsche.
- ☐ Ich sehe Sterne.
- ☐ Ich sehe einen Pilz.

BVK • Pakulat / Palm-Bauer / Tepe-Tryba / Thomas: Leseübungen für die 1. Kl.

Lies und male die richtigen Teile des Satzes an.

Pinguine Pinsel	kannst du im Zoo sehen.
Eine Nase Ein Hase	kann Haken schlagen.
Im Nest Im Netz	brüten die Amseln.
Der Pantoffel Die Kartoffel	ist ein Hausschuh.

Zu Weihnachten Zu Karneval	verkleiden wir uns.
In der Kiste In der Piste	ist ein Schatz versteckt.
Mit dem Holz Mit dem Hals	kann ich Feuer machen.
Dächer Drachen	steigen gut bei Wind.

Der König Der Käfig	trägt eine goldene Krone.
Die Tonart Der Torwart	hält den Ball.
In der Apotheke In der Bücherei	kaufe ich neuen Hustensaft.
Der Stock Der Storch	baut ein neues Nest.

Lies und kreuze die richtigen Antworten an.

Wer läuft durch das Museum?
- [ ] ein Igel
- [ ] eine Insel

Was ist auf dem Bild?
- [ ] Instrumente
- [ ] ein Imker

Wo liegen die Instrumente?
- [ ] auf dem Schrank
- [ ] auf der Bank
- [ ] auf dem Boden

Wer besucht das Museum?
- [ ] Mama und Paul
- [ ] Oma und Opa
- [ ] Paul und Papa

Lies und kreuze die richtigen Antworten an.

Wer sitzt im Schrank?
- [ ] ein Affe
- [ ] eine Maus

Was siehst du auf dem Tisch?
- [ ] einen Obstkorb
- [ ] eine Lampe
- [ ] ein Telefon

Was steht neben dem Schrank?
- [ ] ein Tisch
- [ ] ein Mülleimer

Wer untersucht den kranken Jungen?
- [ ] der Astronaut
- [ ] die Tante
- [ ] die Ärztin

Lies und ☒ kreuze die richtige Antwort an.

Welches Tier hat einen langen Hals?

☐ die Giraffe	☐ der Affe	☐ der Papagei

Welches Tier hat Schuppen?

☐ der Jaguar	☐ die Katze	☐ der Fisch

Welches Tier kann fliegen?

☐ der Dachs	☐ der Kakadu	☐ die Schildkröte

Welches Tier kann nur im Wasser leben?

☐ der Wal	☐ die Fliege	☐ der Eisbär

Welches Instrument hat viele Tasten?

☐ das Klavier	☐ die Tuba	☐ die Gitarre

Welches Instrument kann man blasen?

☐ die Trommel	☐ die Geige	☐ die Trompete

Welches Instrument ist sehr leicht?

☐ die Blockflöte	☐ die Orgel	☐ das Schlagzeug

Welches Instrument lernen viele Kinder zuerst?

☐ das Akkordeon	☐ das Glockenspiel	☐ die Klarinette

Mit welchem Körperteil kannst du sehen?

☐ Hand	☐ Auge	☐ Finger

Mit welchem Körperteil kannst du riechen?

☐ Kinn	☐ Fuß	☐ Nase

Mit welchem Körperteil kannst du streicheln?

☐ Knie	☐ Hand	☐ Bein

Mit welchem Körperteil kannst du schmecken?

☐ Zunge	☐ Kiefer	☐ Zähne

Lies die Wörter. Suche in jedem Satz das falsche Wort und streiche es durch.

Anton geht mit seinem | Hund | Hahn | spazieren.

Lara setzt ihre | Brille | Bananen | auf.

Die Maus flitzt durch den | Käfer | Käfig | .

Das Seepferdchen schwimmt im | Wecker | Wasser | .

Die Kinder der Klasse 1b | singen | spinnen | gern.

Die Rakete startet in den | Waschraum | Weltraum | .

Zum Fest trägt Oma einen schönen | Hut | Hund | .

Morgens schaltet Papa das | Rad | Radio | ein.

Oma räumt den | Ofen | Ordner | in das Regal.

Am Himmel erscheint ein | Regenschirm | Regenbogen | .

Die | Mücke | Möwe | hat mich gestochen.

Die | Mauer | Maus | versteckt sich.

Das Huhn sitzt im | Glas | Gras | und brütet.

Die | Qualle | Quelle | ist ein Tier des Meeres.

Der Arzt gibt dem Kind eine | Spitze | Spritze | .

Jona klettert auf den | Stuhl | Stahl | .

Kian sieht die Sterne am | Hummel | Himmel | .

Der Pfannkuchen ist in der | Pfeife | Pfanne | .

Lies und male.

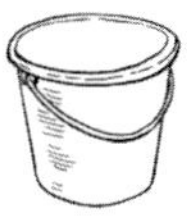	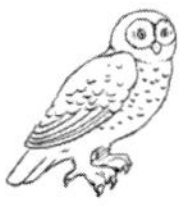	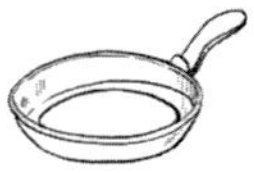	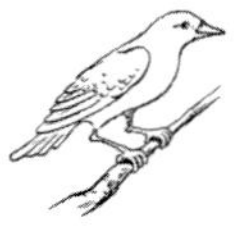
Male drei Fische in den Eimer.	Male die Eule in ein Nest.	Male ein Ei in die Pfanne.	Male dem Vogel einen Verband.

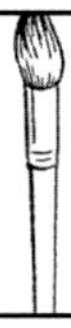		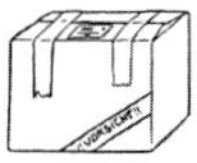	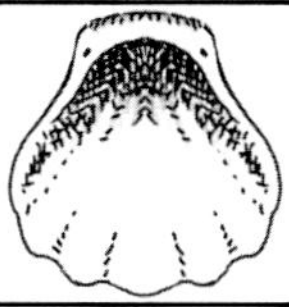
Male dem Pinsel Beine.	Male sechs Würfel-Punkte in das Quadrat.	Male über das Paket eine Lampe.	Male drei Perlen in die Muschel.

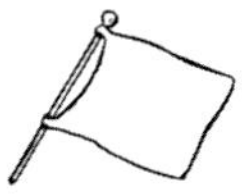	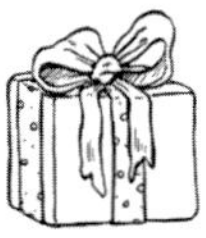	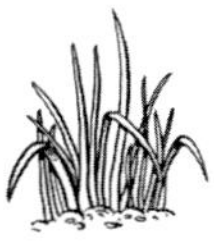	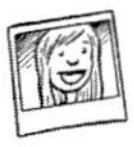
Male Sterne auf die Fahne.	Male eine Uhr neben das Geschenk.	Male einen Hasen in das Gras.	Male einen Teller unter das Foto.

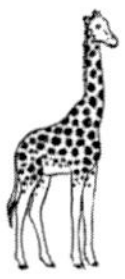	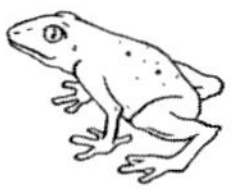	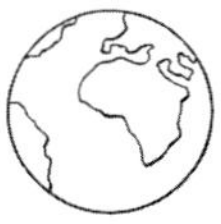	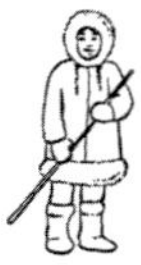
Male der Giraffe zwei Flügel.	Male dem Frosch drei Schwänze.	Male Kinder neben die Erde.	Male dem Inuit ein Iglu.

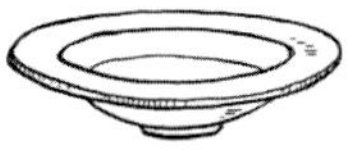	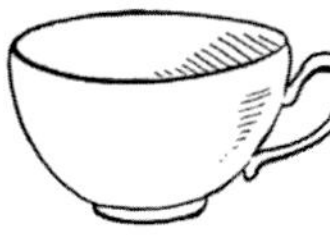	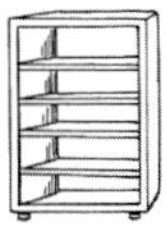	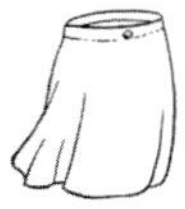
Male gelbe Nudeln auf den Teller.	Male ein Muster auf die Tasse.	Male grüne Bücher in das Regal.	Male dem Rock ein Muster mit Streifen.

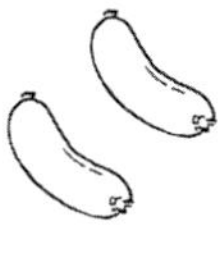	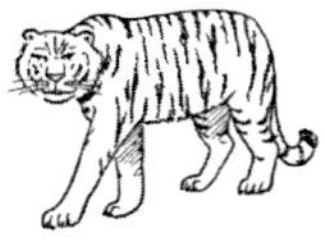	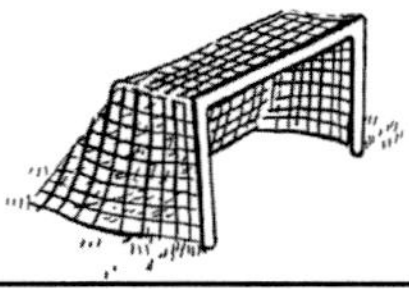	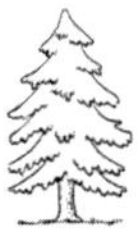
Male den Würsten Flügel.	Male dem Tiger rote Stiefel.	Male vier bunte Bälle ins Tor.	Male ein Haus neben die Tanne.

BVK • Pakulat / Palm-Bauer / Tepe-Tryba / Thomas: Leseübungen für die 1. Kl.

Was stimmt? Lies und ☒ kreuze an.

Mit dem Löffel kann man Suppe essen.	☐ ja	☐ nein
Den Mantel ziehe ich im Sommer an.	☐ ja	☐ nein
Mit den Ohren kann man gut riechen.	☐ ja	☐ nein
Wir feiern am 6. Dezember Nikolaus.	☐ ja	☐ nein
Der Pinguin isst gern Vanilleeis.	☐ ja	☐ nein
Das Brautpaar tauscht die Ringe.	☐ ja	☐ nein
Im Winter sitzen wir gern vor dem Ofen.	☐ ja	☐ nein

Auf der Orgel kann man	☐ schwitzen.	☐ spielen.
Einen Regenbogen kann man	☐ sehen.	☐ stehlen.
In der Schule lernt man zu	☐ schreien.	☐ schreiben.
Ein Bild kann man	☐ auflegen.	☐ aufhängen.
Fleisch kann man	☐ raten.	☐ braten.
Die Tür sollte man	☐ abschließen.	☐ abschießen.
Mit dem Jojo kann man	☐ spinnen.	☐ spielen.

Eine Nuss kann man	☐ knacken.	☐ kitzeln.
Auf dem Pferd kann man	☐ ringen.	☐ reiten.
Den Mantel kann man	☐ abschließen.	☐ anziehen.
Die Orange kann man	☐ essen.	☐ trinken.
Das Paket kann man	☐ verraten.	☐ verschicken.
Eine Himbeere kann man	☐ pflücken.	☐ pfeifen.
Eine Schleife kann man	☐ binden.	☐ bedienen.